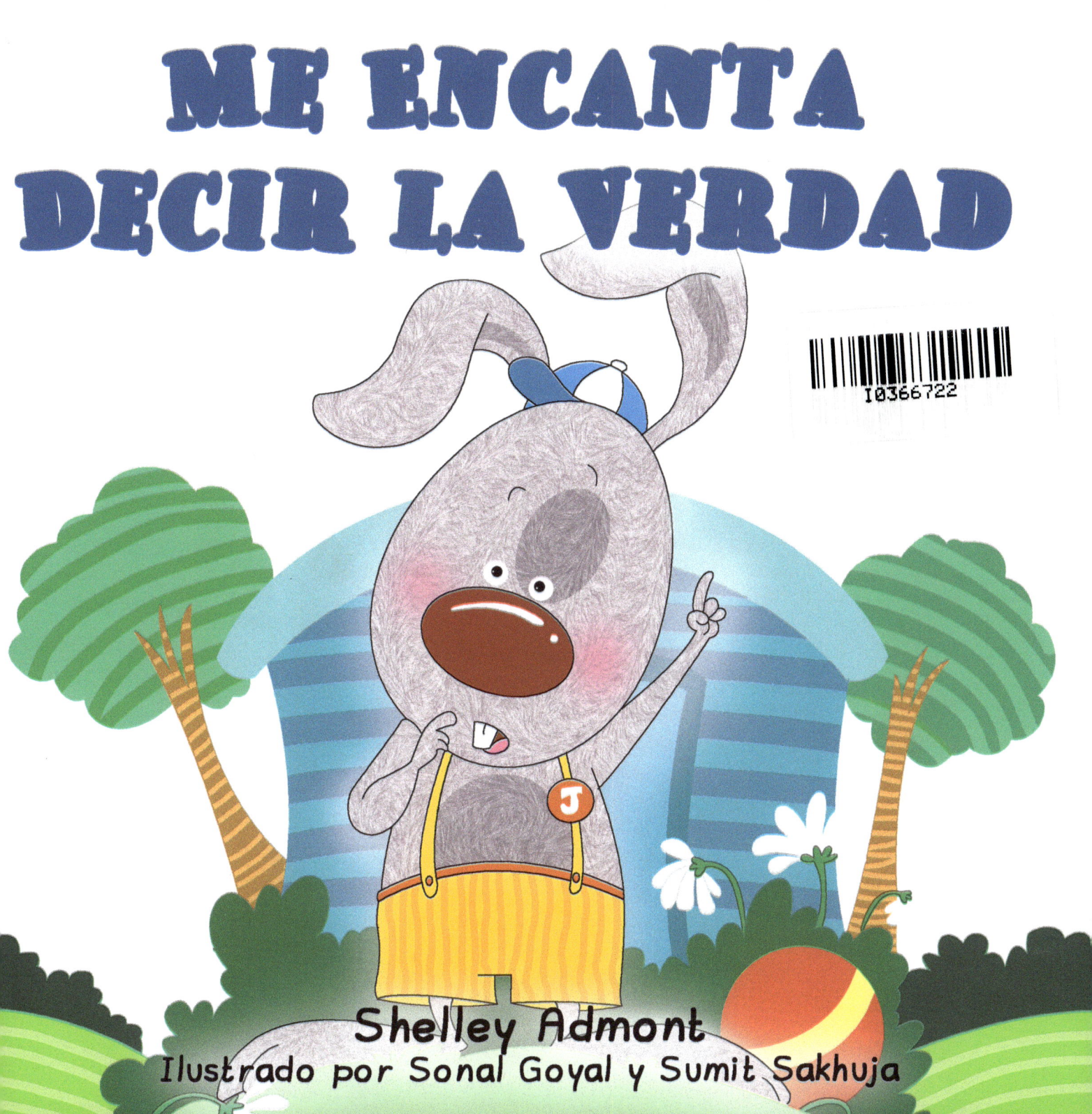

www.kidkiddos.com
Copyright©2015 by S. A. Publishing ©2017 by KidKiddos Books Ltd.
support@kidkiddos.com

All rights reserved. No part of this book may be reproduced in any form or by any electronic or mechanical means, including information storage and retrieval systems, without written permission from the publisher or author, except in the case of a reviewer, who may quote brief passages embodied in critical articles or in a review.

Todos los derechos reservados. Ninguna parte de este libro se puede utilizar o reproducir de cualquier forma sin el permiso escrito y firmado de la autora, excepto en el caso de citas breves incluidas en reseñas o artículos críticos.

Second edition, 2019

Translated from English by Irene Abian
Traducción del inglés de Irene Abian

Library and Archives Canada Cataloguing in Publication Data
I Love to tell the Truth (Spanish Edition)/ Shelley Admont
ISBN: 978-1-5259-1693-9 paperback
ISBN: 978-1-77268-392-9 hardcover
ISBN: 978-1-77268-181-9 eBook

Para aquellos a los que más quiero - S.A.

Era un precioso día de verano. El sol brillaba con intensidad. Los pájaros piaban, mientras las mariposas y las abejas se mantenían ocupadas visitando las coloridas flores.

Jimmy, el conejito, jugaba con la pelota en el jardín trasero con sus dos hermanos mayores y su madre regaba sus margaritas favoritas.

—Tened cuidado de no acercaros a mis flores, chicos —dijo mamá.

—Claro, mamá —gritó Jimmy.

—No tocaré tus margaritas, mamá —añadió el hermano mediano.

—No te preocupes, mamá —dijo el hermano mayor —. Tus margaritas están a salvo con nosotros.

Mamá entró en casa mientras los hermanos seguían jugando fuera, pasándose la pelota entre ellos.

—Oye, juguemos a algo diferente —dijo el hermano mayor girando la pelota.

—¿A qué jugamos? —preguntó Jimmy.

El hermano mayor pensó durante un segundo.

—Lancemos la pelota al aire y veamos quién puede cogerla primero —dijo.

—Eso me gusta —dijo Jimmy llenó de felicidad.

—Empecemos —gritó el hermano mediano.
—¡Lanza ya la pelota!

El hermano mayor lanzó la pelota al aire tan fuerte como pudo.

Todos los conejitos miraron hacia arriba con la boca abierta mientras la gran pelota naranja salía volando rápidamente. Pronto, la pelota empezó a caer hacia el suelo.

Estirando sus manos, los hermanos esperaron a que bajará el balón con entusiasmo.

Cuando la pelota estaba a punto de tocar el suelo, los hermanos mayores corrieron para cogerla.

En un instante, Jimmy dio un paso adelante y alcanzó la pelota antes que ellos.
—¡Hurra! ¡Gané yo! —saltó de alegría y empezó a correr entusiasmado por todo el jardín.

De repente, Jimmy se tropezó con una pequeña piedra y cayó al suelo... justo en medio de las margaritas favoritas de su mamá.

—¡Ay! —gritó Jimmy, levantando su cabeza de la tierra húmeda.

Su hermano mayor corrió hacia él y le ayudó a ponerse de pie.

—Jimmy, ¿te has hecho daño?

—No... Creo que estoy bien —contestó Jimmy.

—Eso es porque estas margaritas son muy suaves, te han protegido —explicó su hermano mayor.

Los tres conejitos miraron con tristeza las flores favoritas de su madre que ahora estaban aplastadas y algunas incluso rotas.

—Mamá no se alegrará de ver esto —murmuró el hermano mayor en voz baja.

—Eso seguro —reconoció el hermano mediano.

—Por favor, por favor, no le digáis a mamá que he hecho esto. Porfaaaaaaaa… —rogó Jimmy, alejándose lentamente de las margaritas estropeadas.

En ese momento, su madre salió corriendo de casa.

—Chicos, ¿qué ha pasado? He escuchado a alguien gritar, ¿estáis todos bien?

—Estamos bien, mamá —dijo el hermano mayor, — pero tus flores...

No fue hasta ese momento que mamá se dio cuenta de que sus flores estaban destrozadas y lanzó un profundo suspiro.

—¿Qué ha pasado aquí? —preguntó con los hombros caídos.

—Han sido los aliens —respondió Jimmy rápidamente—. Llegaron del... espacio... —añadió mientras apuntaba al cielo—. Te lo juro mamá.

Mamá levantó una ceja y miró a Jimmy a los ojos.

—¿Aliens?

—Sí y se fueron volando en su nave espacial.

Mamá suspiró una vez más.

—Es una suerte que se hayan ido —dijo ella— porque es la hora de la cena. No olvidéis lavaros las manos. Y Jimmy...

—Sí, mamá —dijo Jimmy.
—Lávate la cara también —añadió.

Durante la cena, Jimmy estaba muy callado. Se sentía incómodo, no pudiendo comer ni beber. ¡Ni siquiera quiso probar su tarta de zanahoria favorita!

Por la noche, Jimmy no podía dormir. Algo no iba bien. Se levantó y se acercó a la cama de su hermano mayor.

—Oye, ¿estás dormido? —susurró.

—Jimmy, ¿qué ocurre? —murmuró su hermano mayor, abriendo lentamente sus adormecidos ojos—. Vuelve a tu cama.

—No puedo dormir. Sigo pensando en las flores de mamá —dijo Jimmy en voz baja—. Debería haber tenido cuidado con ellas.

—Ha sido un accidente —dijo el hermano mayor—. No te preocupes. ¡Vuelve a dormirte!

—Pero no debería haberle mentido a mamá —dijo Jimmy sin moverse.

El hermano mayor se sentó en su cama.

—Sí —coincidió—. Deberías haberle dicho la verdad.

—Lo sé —dijo Jimmy encogiéndose de hombros—. ¿Qué hago ahora?

—Por ahora, ve a dormir. Y por la mañana le dirás a mamá la verdad. ¿Trato hecho?

—Vale —dijo Jimmy y caminó lentamente hacia su cama.

A la mañana siguiente, Jimmy se levantó muy temprano, saltó de la cama y fue corriendo a buscar a su mamá, quien estaba en el jardín.

—Mami —la llamó Jimmy—. He sido yo quien ha arruinado tus flores, y no los aliens— confesó mientras corría hacia su mamá y la abrazaba.

Mamá le devolvió el abrazo y le respondió.
—Estoy muy contenta de que hayas dicho la verdad. Sé que no ha sido fácil y estoy orgullosa de ti, Jimmy.

—Por favor, no estés triste por las flores. Ya pensaremos en algo —dijo Jimmy.

Mamá sacudió la cabeza.

—No estaba preocupada por las flores. Estaba triste porque no me habías dicho la verdad.

—Lo siento, mamá —dijo Jimmy—. Yo también estaba triste. Te prometo que no volveré a mentir.

Después del desayuno, Jimmy visitó el invernadero local con su papá. Compraron algunas semillas de margarita y toda la familia ayudó a mamá a plantarlas.

Jimmy aprendió que decir la verdad traía felicidad, tanto a él como a su familia. Por eso, desde ese día siempre dice la verdad.